Ihre süße Katze Gebrauchsanweisung

von Martin Baxendale

Eichborn.

Die Deutsche Bibliothek - CIP-Einheitsaufnahme

Baxendale, Martin:
Ihre süsse Katze : Gebrauchsanweisung / Martin Baxendale. Aus dem
Engl. von Matthias Bischoff. - Frankfurt am Main : Eichborn, 1997
Einheitssacht.: The cat owner's survival guide <dt.>
ISBN 3-8218-2449-2

Übersetzung: Matthias Bischoff
Umschlaggestaltung: Christina Hucke unter Verwendung einer Zeichnung von Martin Baxendale
Gesamtproduktion: Fuldaer Verlagsanstalt, Fulda
ISBN 3-8218-2449-2

Verlagsverzeichnis schickt gern:
Eichborn Verlag, Kaiserstraße 66, 60239 Frankfurt am Main

Vorwort

Für jeden Katzenfreund steht außer Frage: Katzen sind überaus süße und knuffige Freudenspender; sie sind perfekte Haustiere, ein Born der Freude und ein Labsal für unsere gestreßten Nerven.

Doch leider können sie auch kleine Dämonen sein, Abgesandte der finstersten Hölle, zu uns geschickt, um jede Minute des Tages (und oft leider auch der Nacht) mit Zerstörungswut, Hinterhältigkeit, quälendem Lärm und den unangenehmsten Gerüchen zu überziehen.

Die folgenden Seiten sind gespickt mit zahlreichen Tips und Handlungsanweisungen für den geplagten Katzenbesitzer*, damit dieser mit den mühsamen und oftmals auch traumatisierenden Notfällen seines Lebens besser zurechtkommt und in die Lage versetzt wird, eine lange und glücksbringende Beziehung zu seinem kleinen Liebling aufzubauen.

* BITTE BEACHTEN SIE: Wir verwenden in diesem Buch die Bezeichnung »Katzenbesitzer« und »Katzenbesitz« im allerweitesten Sinne des Wortes, da wir nur zu gut wissen, daß *wir sie* niemals wirklich besitzen.

Diese verfluchten kleinen Typrannen beschließen dagegen ganz nach Lust und Laune, ob *sie uns* besitzen wollen oder nicht.

Mit Katzenhaaren zurechtkommen

Zu den nervtötendsten Problemen des Katzenbesitzes zählt vor allem die Art und Weise, wie Katzen (besonders die langhaarigen flauschigen Arten) ihre Haare überall im Haus verstreuen, auf Teppichen, Sesseln, Gardinen, Betten, Kleidungsstücken aller Art, im Essen, auf Säuglingen usw.

Die folgenden Tips und Ratschläge sollten Ihnen bei der Lösung diesen schwerwiegenden Problems dienlich sein.

X FALSCH

FALSCH X

X FALSCH

✓ RICHTIG

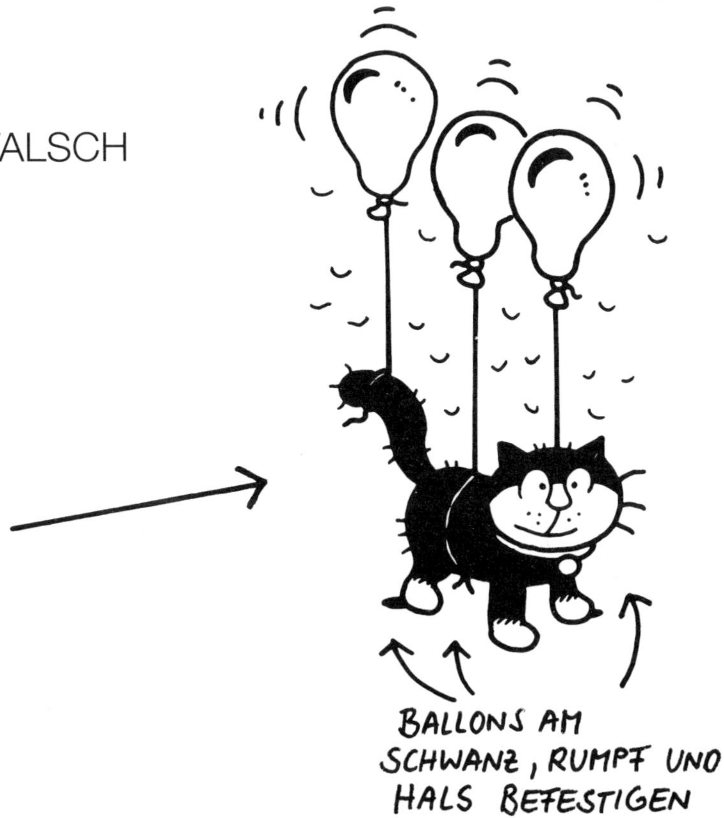

Reiben Sie heliumgefüllte Luftballons heftig an Ihrer Jersey-Kleidung, bevor Sie sie an Ihrer Katze befestigen. Durch diese Maßnahme werden die Ballons statisch aufgeladen und ziehen sämtliche losen Haare Ihrer Katze an, während diese sich durch Ihr Haus bewegt – kein einziges Haar fällt zu Boden.

Wir empfehlen, die statische Aufladung jeden Abend durch Abreiben mit der Hand zu entfernen.

WARNHINWEIS: Bitte achten Sie darauf, die Ballons nicht zu stark aufzublasen, da dies unangenehme Folgen zeitigen kann:

a) Äußerst schwierige Entfernung der Katzenhaare von Decke und Lampen.

b) Verminderte Probleme durch Verlust von Katzenhaar, dafür unter Umständen völliger Katzenverlust.

✓ RICHTIG

Der Staubsauger entfernt lose Katzenhaare im Moment ihrer Entstehung und sorgt so dafür, daß Teppich und Möbel haarfrei bleiben.

BITTE BEACHTEN SIE: Wenn Sie die Staubsaugerdüse nahe genug am Hintern Ihrer Katze anbringen, können Sie wie nebenbei noch einen weiteren häufig auftretenden Mißstand beseitigen: die leidige Angewohnheit Ihres Lieblings, überall und immerzu zu kacken, wenn's ihr gerade danach ist.

Allerdings entsteht durch dieses Verfahren, obwohl Ihr Haus gänzlich abgas- und rückstandsfrei wird, ein neues, überaus unangenehmes Problem: Das Leeren Ihres Staubsaugerbeutels kann zu einer ekligen und möglicherweise sogar traumatisierenden Tätigkeit geraten; überdies wird die Garantie Ihres Geräts auf diese Weise hinfällig (und Sie bekommen Schwierigkeiten mit Ihrem Staubsauger-Reparaturdienst, wenn das Gerät – was kaum erstaunlich ist – alle zwei Wochen zusammenbricht).

Kratzen

Katzen müssen unablässig kratzen, um ihre Nägel zu schärfen. Sie tun dies, wenn sie gerade das Bedürfnis überkommt, vollkommen unabhängig davon, welche Gegenstände sich gerade in ihrer Reichweite befinden: ein Stuhlbein, ein Küchenschrank, Gardinen, Ihr Lieblingssessel, Hundenasen, Hosenbeine oder auch Kleinkinder, wenn diese unglücklicherweise gerade mit dem kleinen Liebling herumtollen.

Wenn Ihnen diese Vorgänge außer Kontrolle geraten und Ihre Katze Ihrer Wohnungseinrichtung oder Ihren Mitbewohnern und Nachkommen ernsthaften und bleibenden Schaden zufügt, können Sie versuchen, Ihre Klauen zu beschneiden.

Andererseits können Sie ebensogut anfangen mit Rasierklingen zu jonglieren. Vielleicht ist das sogar weniger selbstmörderisch und Sie können mit dieser Nummer wenigstens auf Parties brillieren.

Sollten Sie aber wirklich hirnverbrannt genug sein, bloß wegen den paar Möbeln Leib und Leben zu riskieren, empfehlen wir Ihnen, sich minutiös an unsere Sicherheitsratschläge zu halten (und vielleicht auch eine zusätzliche Risiko-Lebensversicherung abzuschließen).

Bewährte Grundaustattung zum Schneiden von Katzenkrallen

Bewährte und dringlich empfohlene Anti-Kratz-Schutzkleidung speziell zum Krallen-Schneiden; auch verwendbar in anderen potentiell riskanten Situationen (siehe dazu auch Entwurmen Ihrer Katze und Katzenwäsche).

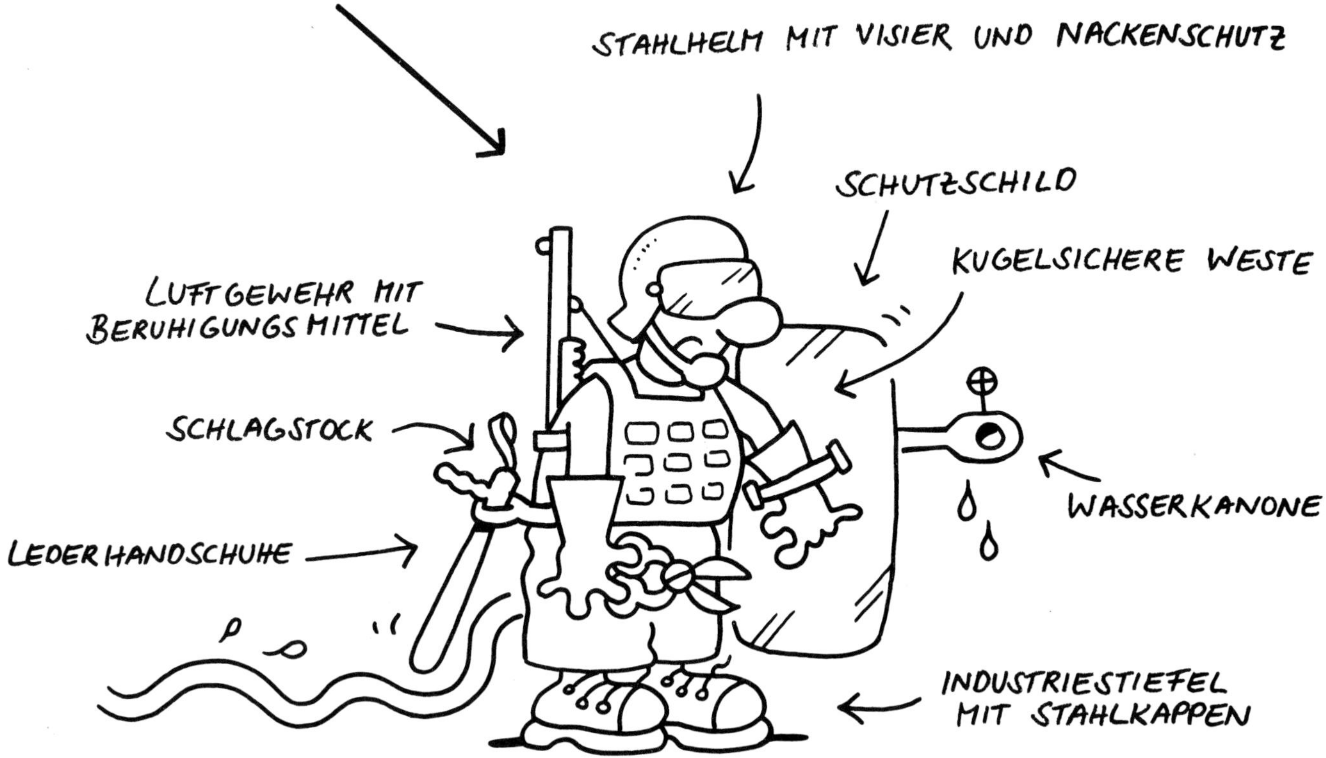

Verschiedenes Anti-Kratz-Zubehör

DRAHTKÖRBCHEN ALS NASENSCHUTZ

SÄUGLINGS-SCHUTZ

ANTI-KRATZ-LEDER-STIEFEL, INNEN MIT STAHLVERSTÄRKTER SPITZE, UM DURCHBRUCH DER KILLERKRALLEN ZU VERHINDERN

Verschiedene Kratzbaum-Modelle

Die beste und gesündeste Methode, Schaden von Ihrem Mobiliar und Ihrer Familie abzuwenden, ist die Verwendung eines künstlichen Katzen-Kratzbaums.

Solche Kratzbäume werden in den verschiedensten Formen angeboten. Wählen Sie einen aus, der dem Charakter und den Kratzgewohnheiten Ihrer Katze entgegenkommt.

Entwurmen Ihrer Katze

Der Versuch, gegen den Willen Ihrer Katze Entwurmungstabletten in ihren Rachen zu befördern, gehört zu den weiteren, extrem gefährlichen und verletzungsanfälligen Situationen im Leben eines Katzenbesitzers. Sie sollten absolut sicher gehen, jede nur denkbare Vorsicht walten zu lassen; Ihre persönliche Sicherheit sollte bei dieser Operation stets im Vordergrund stehen. Überprüfen Sie, ob Sie die Raten Ihrer Lebensversicherung pünktlich gezahlt haben.

Wir empfehlen dringend, diese überaus delikate Operation in gehörigem Abstand zu Ihrem kleinen Liebling durchzuführen. (Siehe dazu auch die bisherigen Hinweise über Sicherheitskleidung und Schutz-Zubehör).

Warten Sie, bis Ihre Katze gähnt (für gewöhnlich alle dreissig Sekunden) und befördern Sie die Entwurmungstablette durch den Briefschlitz Ihrer Haustür (die unbedingt fest verschlossen sein sollte!). Benutzen Sie dazu eine Zwille oder ein Luftgewehr.

Besorgen Sie sich bei den zuständigen Behörden die Sicherheitshinweise zum Überleben eines Atomschlags. Mit diesen Tips sollte es Ihnen nicht schwerfallen, einen bombensicheren Schutz hinter Ihrem Sofa auszubauen. Verwenden Sie dazu Sandsäcke, Teppiche, Matratzen, Bettdecken und Türen (am besten aus Hartholz oder Stahl).

Katzenwäsche

Beim Waschen Ihrer Katze kann es zu weiteren Situationen mit erhöhter Verletzungsgefahr kommen. Katzen mögen nun mal kein Wasser (vor allem wenn keine Fische drin sind) und wehren sich mit Zähnen und Klauen gegen ein Schaumbad oder eine Dusche, egal wie versifft sie sind, egal wie sehr sie stinken.

Sie werden sehen, daß es, wenn Sie Ihr Leben lieben und Ihnen an blutigen Auseinandersetzungen mit Ihrem Haustier nicht gelegen ist, am besten ist, einfach ein Trockenshampoo zu benutzen, das Sie Ihrer Katze über den Pelz streuen und später einfach wieder rausbürsten.

X FALSCH

X FALSCH

X FALSCH

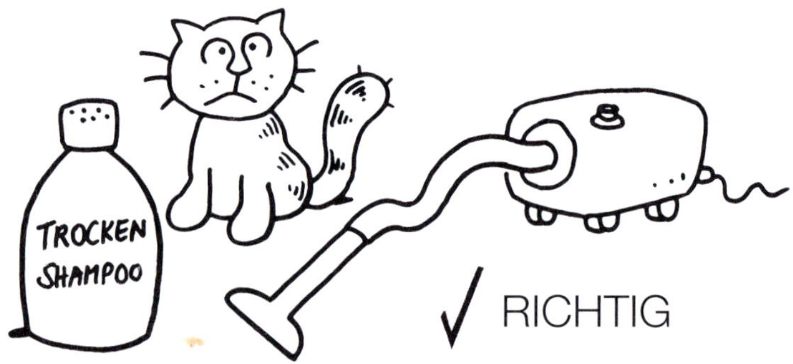

✓ RICHTIG

Ihre Katze ist schwanger

Wenn Ihre Katze ein Weibchen ist, sollten Sie unbedingt eine Schwangerschaft vermeiden, es sei denn Sie sind scharf drauf, Ihr ganzes Haus von einer unüberschaubaren Zahl kleiner Kätzchen überschwemmt zu bekommen.

Langfristig gesehen, kann natürlich nur ein Besuch beim Tierarzt dieses Problem befriedigend lösen. Doch gibt es eine kurz- und mittelfristig wirksame Alternative (besonders dann, wenn Sie ein bißchen knapp bei Kasse sind und sich die teuren Tierarztrechnungen sparen wollen): Die Katerschreck-Maske (Patent angemeldet).

Sorgen Sie dafür, daß Ihre empfängnisbereite Katze niemals ohne die Katerschreck-Maske ausgeht (besonders nachts) und Sie werden feststellen, daß sie für die meisten liebestollen Kater so abstoßend häßlich ist, daß sie eher einen Rassehunde-Wettbewerb gewinnen würde als auch nur einen lausigen Kater anzulocken.

BITTE BEACHTEN SIE: Diese Empfehlung geschieht natürlich ohne Gewähr und ohne Erfolgsgarantie. Die Katerschreck-Maske ist kein hundertprozentig sicheres Verhütungsmittel (besonders dann, wenn das Unglück es will, daß ihr ein kurzsichtiger Kater den Hof macht). Sehen Sie also bitte im Fall einer unerwünschten Schwangerschaft davon ab, uns die verdammten Kätzchen zu schicken.

Katzen kacken überall hin

Machen wir uns nichts vor: Der Versuch, Katzen dazu zu bringen, nur in ihr Katzenklo zu kacken, ist zum Scheitern verurteilt und reine Zeitverschwendung.

Versuchen Sie lieber, einen Goldfisch davon abzuhalten, ins Wasser zu pinkeln – das hat mehr Aussicht auf Erfolg.

FALSCH X

X FALSCH

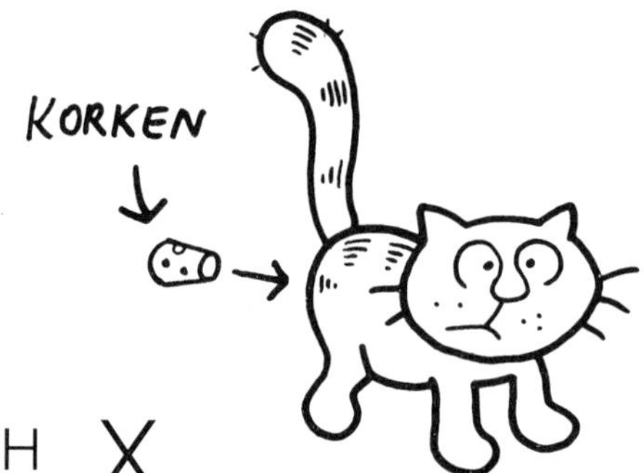

FALSCH X

X

FALSCH

Rundheraus gesagt: Am besten bestellen Sie eine ganze Wagenladung mit Katzenstreu und verteilen es gleichmäßig im ganzen Haus, so daß der Boden schön bedeckt ist.

Ausschließlich mit dieser Methode können Sie sicherstellen, daß Ihre verdammte Mietze das Zeug auch wirklich benutzt – und nebenbei haben Sie damit das beste Isoliermaterial auf dem Boden und sparen sich teure Teppiche.

BITTE BEACHTEN SIE: Verteilen Sie das Katzenstreu mit äußerster Sorgfalt und stellen Sie sicher, daß wirklich alle bevorzugten Kackplätze Ihres Kätzchens – hinter dem Sofa, unter dem Bett, in Ihren Hausschuhen, im Hundekörbchen usw. – damit bedeckt sind. Überall – nur im Katzenklo können Sie`s getrost weglassen.

Katzenflöhe

Das Hauptproblem mit Katzenflöhen ist, daß Ihre Katze, sobald es Ihnen gelungen ist, Sie von einer Hundertschaft zu befreien, sofort loszieht und sich neue von anderen Katzen besorgt, besonders dann wenn Sie sie nachts rauslassen.

Deshalb ist hier Vorbeugen angesagt, wenn Sie den ermüdenden Zyklus von Entflohung und Neuansteckung wirksam durchbrechen wollen.

Stellen Sie sicher, daß Ihre Katze vollkommen geschützt ist, wann immer sie ausgeht und daß sie jederzeit ein Päckchen mit Flohhalsbändern mit sich führt und vor allem auch weiß, **wie sie damit umzugehen hat.**

So schützen Sie Ihre Katze

X FALSCH

X FALSCH

X FALSCH

RICHTIG ✓

Streunende Katzen

Festzustellen, daß Katzen gerne ab und an mal ausbüchsen und tagelang herumstreunen, ist ungefähr so zutreffend wie die Aussage, daß der Papst ein bißchen katholisch ist.

Die unbändige Wanderlust der gemeinen Hauskatze bringt für den Katzenbesitzer zahlreiche Probleme und Sorgen mit sich, nicht zuletzt die unaufhörliche Angst, daß die Mietze auf irgendeiner Autobahn plattgewalzt wird.

Bei sachgemäßer Handhabung – wie auf nebenstehender Abbildung gezeigt – ist die hochelastische Anti-Wander-Leine hervorragend dazu geeignet, das Herumstreunen Ihrer Katze nachhaltig zu unterbinden und sicherzustellen, daß sie sowohl gefährlichen Straßen wie auch benachbarten Gärten und Häusern fernbleibt.

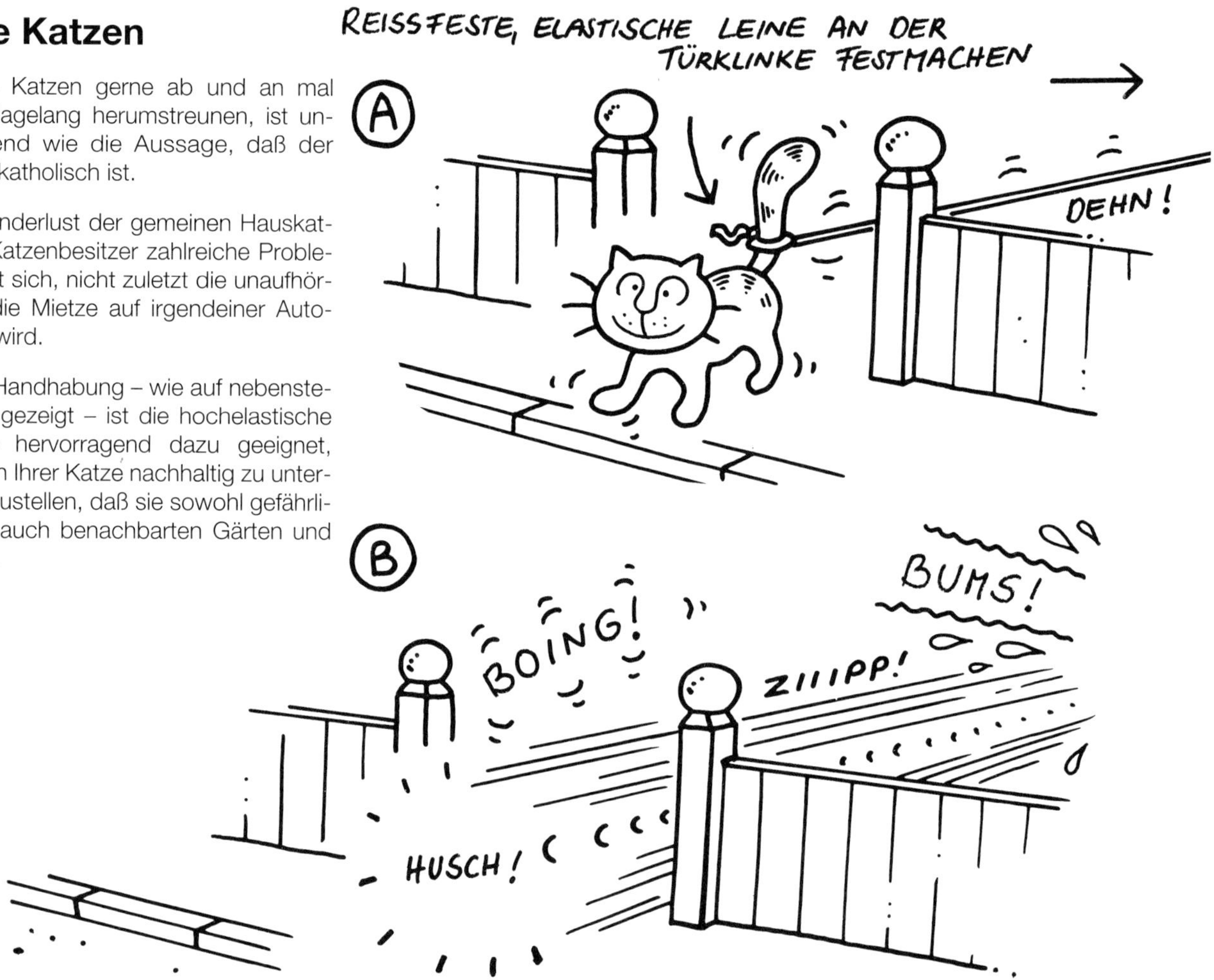

Katzen sind außerdem berühmt-berüchtigt für ihren vollkommenen Mangel an Treue und Loyalität. Frohen Herzens folgen sie jedem Simpel, der dumm genug ist, sie mit ins Haus zu nehmen und ihnen ein Schüsselchen Milch hinzustellen.

Zu den frustrierendsten Momenten im Leben eines Katzenbesitzers gehört der Augenblick, in dem er feststellt, daß das geliebte kleine Wesen, für das er jahrelange treu und selbstlos gesorgt hat, in der näheren Umgebung noch ein halbes Dutzend weiterer Besitzer hat, die alle der irrigen Annahme sind, das Kätzchen gehöre nur ihnen.

Eine bewährte und äußerst wirkungsvolle Methode dieser Untreue zu begegnen ist diese: Befestigen Sie einen kleinen Zettel am Halsband Ihrer Katze, auf dem nicht nur Ihr Name und Ihre Adresse stehen, sondern noch diese wichtige Botschaft: »Ich habe Dünnschiß, legen Sie also bitte Zeitungen über Ihren Teppich, ich müßte mal wieder entwurmt werden und brauche ein neues Flohhalsband – und trächtig bin ich auch!«
Lauschen Sie dem süßen Klang zuschlagender Türen in Ihrer Nachbarschaft!

Katzen im Garten

Für die normale Durchschnittskatze ist so ein Garten nichts weiter als eine herrlich weitläufige Freilicht-Toilette und jede Pfanze ein bequemer Liegestuhl um sich zu sonnen.

Wenn Sie das ewige Graben und Zertreten und Kacken Ihrer Katze nicht länger ertragen, installieren Sie einfach den GARTEN-KATZEN-KÖDER (Patent angemeldet). Dieses High-Tech-Gerät vertreibt Ihre Katze zuverlässig und nachhaltig von allen frisch eingesähten Beeten und allen anderen verletzlichen Pflanzen in Ihrem Garten. Nebenbei bringt die Stahlfederschleuder Ihre Katze wahrscheinlich dazu, den Garten für alle Zeit zu meiden.

Pflanzen Sie einfach einige Blumen, die Ihre Katze gerne als Sonnenbett benutzt auf die Springfläche des KATZEN-KÖDERS und schon nach wenigen Augenblicken können Sie erleben, wie Ihre Katze über den Garten fliegt.

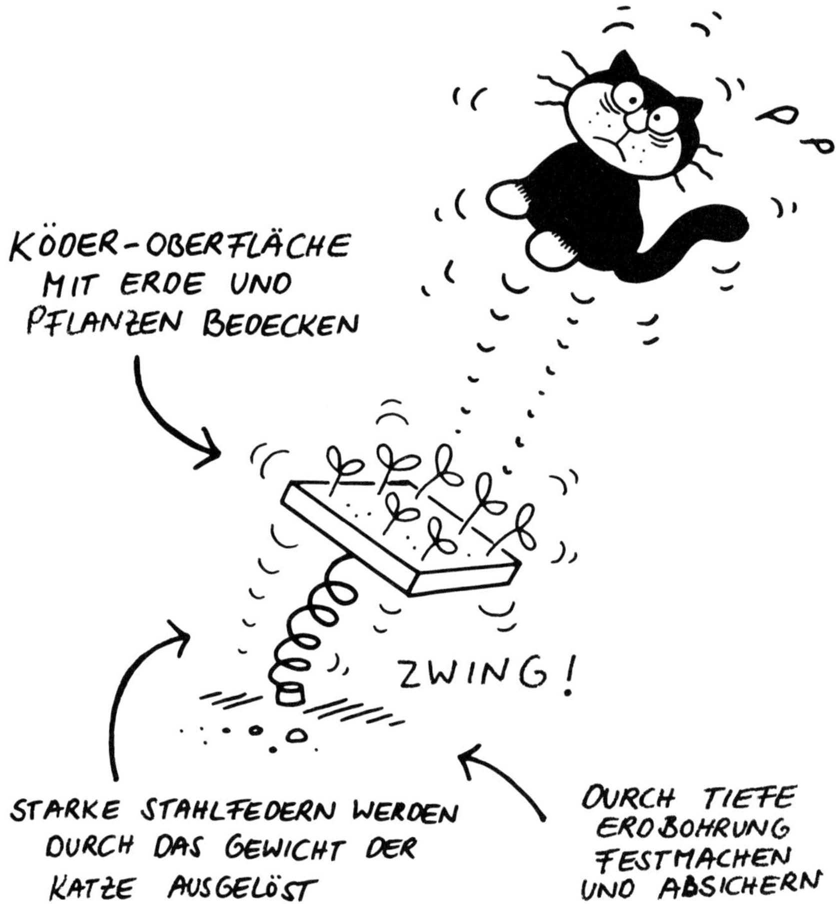

Probleme mit dem Schlafplatz

Läßt man ihr die Wahl, wird sich Ihre Katze zum Schlafen immer genau dorthin begeben, wo Sie sie auf gar keinen Fall haben wollen: Auf Ihrem Lieblingssessel, im Bett, auf dem Stapel frisch gewaschener Wäsche, in der Babywiege usw.

Mit dem KATZEN-SCHLEUDER-KISSEN® gehören diese Probleme der Vergangenheit an.

Basierend auf demselben High-Tech-Prinzip wie der GARTEN-KATZEN-KÖDER, wird bei diesem Indoor-Gerät das Pflanzbeet durch ein kuscheliges Daunen-Kissen ersetzt, das mit seinem Heizdraht und seiner samtseidigen Oberfläche die Katze zum Verweilen einlädt – sie kann gar nicht widerstehen.

Installieren Sie nun dieses Kissen auf Ihrem Lieblingssessel, auf dem Bett, in der Babywiege oder sonstigen Plätzen, die Ihnen Ihr Liebling immer wieder streitig macht und bringen Sie so Ihrer Katze bei, den Ort künftig weiträumig zu umgehen. Das Resultat wird Sie begeistern.

Reisen mit der Katze

Katzen reisen bekanntermaßen äußerst ungern und hassen es, in Fahrzeugen eingesperrt zu sein. Wenn Sie sie aber unbedingt irgendwo mit dem Auto hinbringen wollen (beispielsweise zum Tierarzt), sollten Sie unbedingt einige Sicherheitsmaßregeln beherzigen. Andernfalls wird Ihre Katze mit großer Wahrscheinlichkeit in Panik geraten, pinkeln, kacken, kratzen, beißen und aus der Innenausstattung Ihres Wagens einen Ort machen, der stark an den Schauplatz eines Bombenanschlags erinnert.

X FALSCH

X FALSCH

X FALSCH

RICHTIG

Die beste Lösung ist es vielleicht aber, einfach ein Taxi zu rufen, dem ahnungslosen Fahrer die Adresse mitzuteilen, die Katze auf den Rücksitz zu werfen, schnell die Tür zuzuschlagen und dann in sicherer Entfernung mit dem eigenen Wagen zu folgen.

Katzen und andere Haustiere

Grundsätzlich ist das Verhältnis zwischen Ihrer Katze und anderen kleineren Haustieren im selben Haushalt wie etwa Hamster, Kanarienvögel, Goldfische, Wellensittiche, Meerschweinchen, Mäusen usw. für Ihre Katze ganz simpel: »Ich Katze...du Futter!«

Mit etwas größere Haustieren, so zum Beispiel Hunden, geht es mehr in diese Richtung: »Ich Katze...du Kratzbaum. Halt mal deine Nase hin!«
Das gleiche gilt meist auch für Säuglinge und Kleinkinder, aber die haben's in der Regel nicht anders gewollt, im Gegensatz zu Ihrem vertrauensseligen, bedauernswerten Hund.

Sollte das unablässige Verzehren all Ihrer kleinen Haustiere für Sie zu einem ernsthaften Problem werden, schlagen wir vor, Ihrer kleinen Hausplage eine Lektion zu erteilen.

Leihen Sie sich aus einer Fachzoohandlung eine ausgewachsene Pythonschlage, Sie brauchen sie nur einen Tag. Mal sehen, wie Ihrer Mietze der neue Freund gefällt.

Kater-Duftmarken

Wenn Ihre Katze ein Kater ist und seine Duftmarken überall im Haus versprüht, kann dies auf Dauer eine erhebliche Geruchsbelästigung darstellen.

Langfristig gesehen kann nur ein entschlossener Gang zum Tierarzt das Problem nachhaltig und ein für allemal lösen. Bis dahin können Sie aber kurzfristig einiges tun, um das Problem zumindest zu entschärfen:

Geben Sie je die gleiche Menge Pferdeäpfel, Schweinemist und Hühnerkacke in einen Stoffbeutel und lassen Sie das Ganze in einem Kübel Bier etwa eine Woche lang gut durchziehen. Dann den Beutel gut auspressen und wegwerfen. Füllen Sie nun die durchgegorene Flüssigkeit in eine Sprühdose und sprühen Sie sie über alle Stellen, die Ihr Kater markiert hat.

BITTE BEACHTEN SIE: Sie werden auf diese Weise den unerträglichen Katergestank nicht los, aber er wird wenigstens ein bißchen überdeckt.

Was Ihre Katze nach Hause schleppt

Viele Katzenbesitzer empfinden Scham und Ärger, wenn ihr Liebling zum ersten Mal ein Opfer seiner nächtlichen Raubzüge, eine kleine Maus oder einen Singvogel etwa, mit ins Haus schleppt und die kleine Leiche zu allem Überfluß auch noch stolz präsentiert.

Bei vielen löst es ein unheilbares Trauma aus, wenn sie feststellen, daß der kleine flauschige Racker, mit dem sie Jahr und Tag unter einem Dach lebten, in Wahrheit ein eiskalter Serienkiller ist.

Eine mögliche, aber äußerst mühselige Antwort auf diese schmerzliche Erkenntnis ist es, Ihre Katze neu zu konditionieren. In Zukunft sollte sie es unterlassen, Kleintiere aus der heimischen Fauna zu erlegen (besonders dann, wenn Sie gerade erst ein hübsches Vogelhäuschen in Ihrem Garten errichtet haben) und sich auf die Grillparties Ihrer Nachbarn verlegen. Wenn Sie Glück haben, bringt Ihnen Ihre liebe Mietze Grillhähnchen, Schwenksteaks, Bratwürste und Lammkotellets ins Haus. Sehr sehr lecker!

Die hochnäsige Katze

Jeder Katzenbesitzer weiß, wie verdammt reserviert und unabhängig ihre kleinen Schmusekätzchen sein können.

An einem Tag bekommen sie vom Schmusen gar nicht genug, schnurren und reiben sich und lecken, daß einem das Herz übergeht. Am nächsten Tag kennen sie einen nicht mehr, es sei denn, man hat einen Dosenöffner in der Hand.

Wenn Sie also zu den Menschen mit geringem Selbstwertgefühl gehören und emotional ein wenig unsicher sind, brechen Sie nicht gleich in Tränen aus, wenn Ihre Katze Sie ignoriert. Versuchen Sie vielmehr, sich mit Hilfe passender Kosmetik für Ihre Katze etwas attraktiver zu machen. Die nötigen Duftstoffe finden sich mit Sicherheit auch in Ihrem Küchenschrank.

WARNUNG: Übertreiben Sie's nicht!

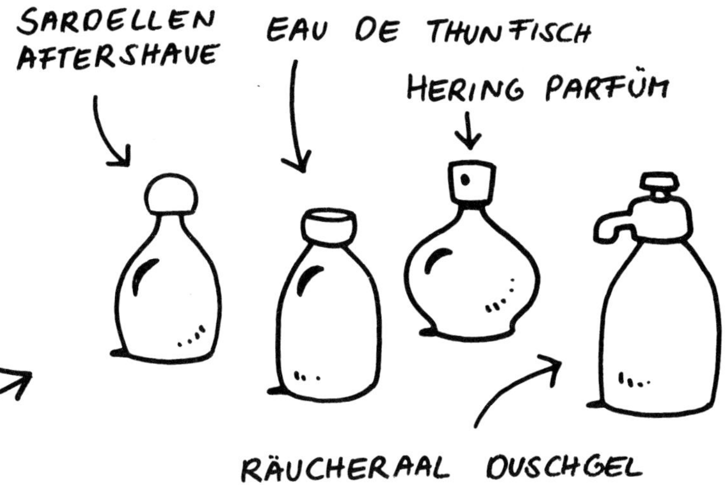

Laute Katzen

Im Allgemeinen miaut Ihre Katze vor allem immer dann, wenn sie gefüttert werden will oder aus dem Haus oder ins Haus gelassen werden möchte.

Mit anderen Worten: Katzen miauen andauernd. Wenn Sie gerade einmal nicht kläglich miauen und maunzen, dann schlafen sie in der Regel (was natürlich schlicht und einfach bedeutet, daß sie jeden Moment wieder aufwachen werden und miauen, weil sie gefüttert werden wollen oder raus oder rein wollen, usw.).

Für dieses Problem gibt es eine ganz simple Lösung: Tun Sie einfach immer alles, was Ihre verdammte Katze von Ihnen verlangt, wann immer auch sie es verlangt (wie gesagt: die Lösung ist simpel – nicht einfach!).

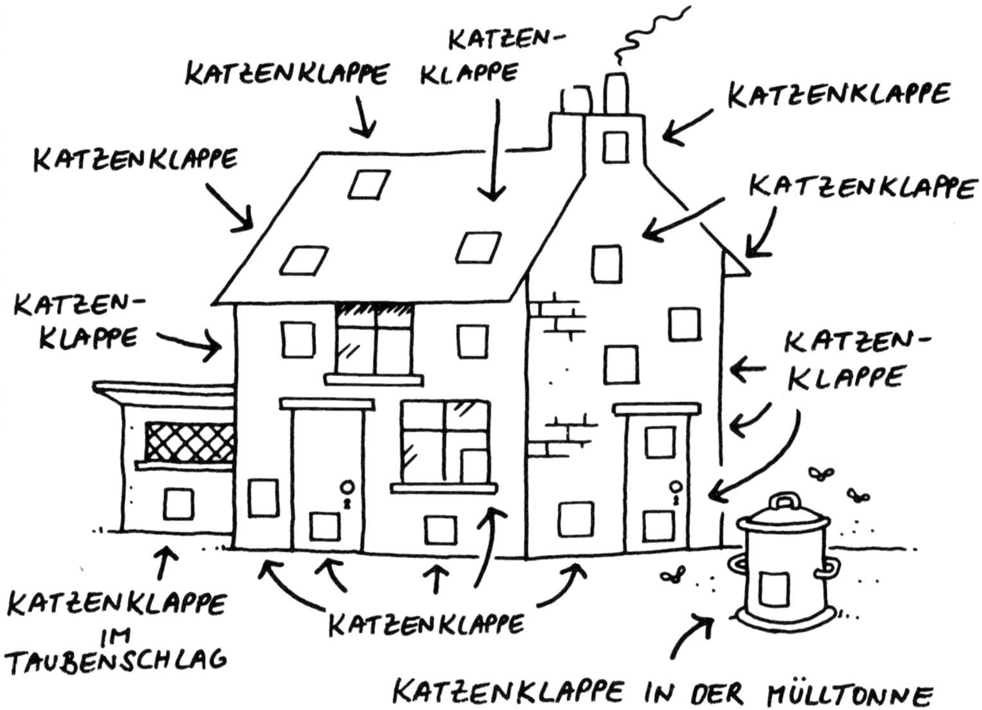

Eine einzige Katzenklappe in einer einzigen Ausgangstür nützt überhaupt nichts. Katzen erwarten, daß sie jederzeit nach Lust und Laune und vor allem überall das Haus verlassen oder wieder betreten können, egal ob durch die Balkontür, die Dachluke, den Heizungskeller usw.

Katzen müssen ständig gefüttert werden. Wenn die Spucke in ihrem Futternapf trocken wird, nachdem sie ihn saubergeleckt hat und er wieder aufgefüllt wird, reagieren sie mit einer Panikattacke und sind überzeugt davon, daß sie dem Hungertod entgegensehen. Sofort fangen sie an, herzzerreißend zu miauen. Sie haben dann zwei Möglichkeiten:

a) Tragen Sie Ohropax und stellen Sie Ihre Stereo-Anlage auf volle Lautstärke.

b) Stellen Sie sicher, daß der Futternapf niemals leer wird, nicht einmal für eine Zehntelsekunde.

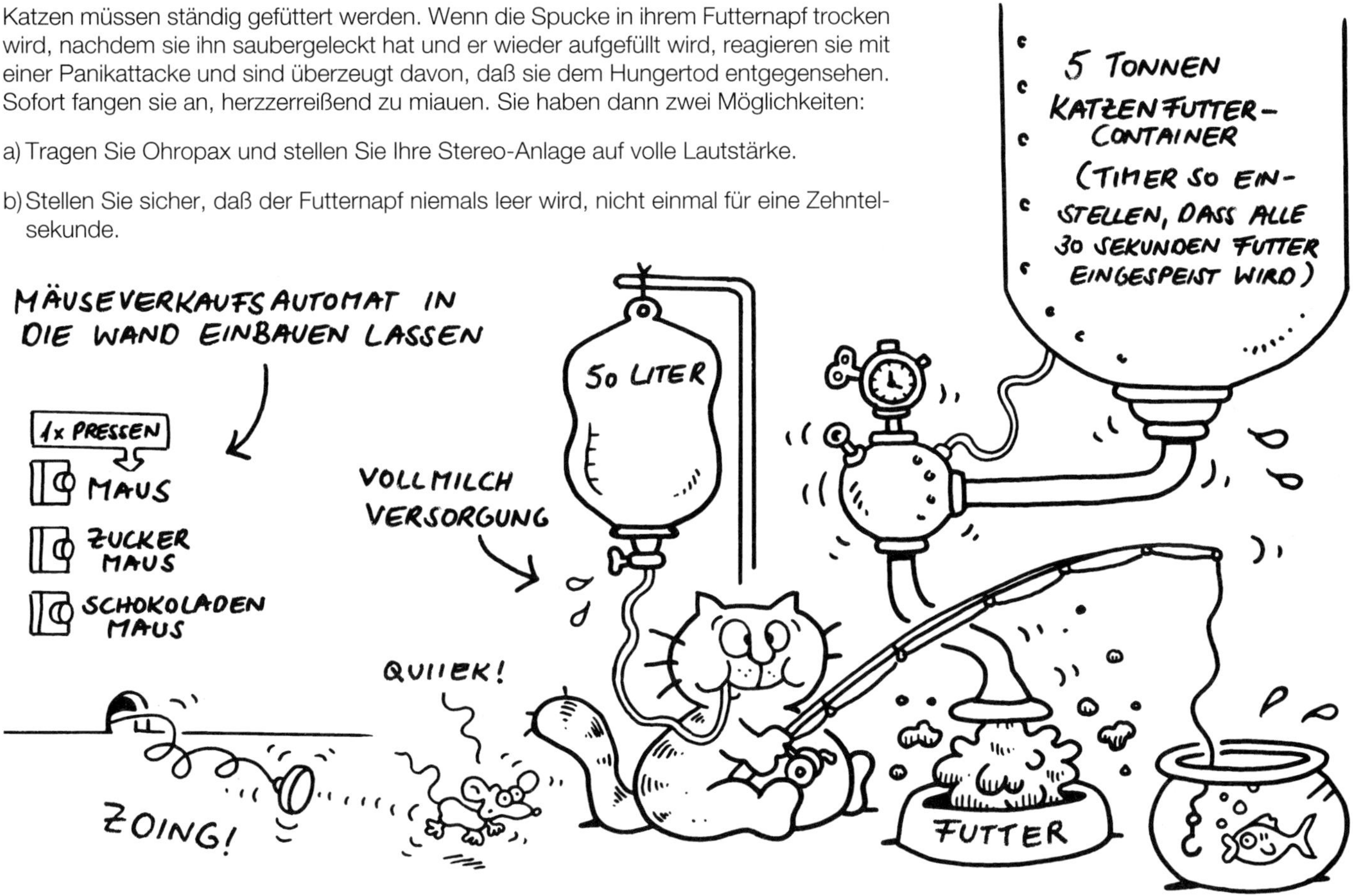

EMPFOHLENES KATZEN-FÜTTERUNGSPROGRAMM

Technische Daten Ihrer süßen Katze

Maximale Geschwindigkeit

Wenn Futterdose geöffnet wird: 180 km/h
Wenn Herrchen/Frauchen nach ihnen ruft: 0,3 km/h

Durchschnittlicher Milchverbrauch pro Stunde:

10 liter

Durchschnittlicher Katzenfutterbedarf pro Tag:

2 – 3 LKW-Ladungen Dosenfutter, zusätzlich kleine Nagetiere nach Appetit

Ausgangsleistung

Schnurren: 3 Watt (8 Decibel)
Hunger-Miauen: 10 Watt (80 Decibel)
Katermiauen: 100 Watt (Decibel-Ausschlag nicht mehr meßbar)

Durchschlagskraft der Katzenklauen:

30 cm Kruppstahl

Flohmenge pro Katze:

2000 – 5000 Stück